CATALOGUE

DE

DESSINS ANCIENS

PRINCIPALEMENT DES XVIe ET XVIIe SIÈCLES

RELATIFS A L'ORFÈVRERIE ET A L'ORNEMENT

ET

ENVIRON 4000 DESSINS

QUI SERONT VENDUS PAR LOTS

Provenant de la Collection

DU MARQUIS T...., DE NAPLES

Dont la vente aux enchères publiques aura lieu

HOTEL DES COMMISSAIRES-PRISEURS, RUE DROUOT, N° 9

SALLE N° 7

Les Mardi 13 et Mercredi 14 Mai 1884

A DEUX HEURES PRÉCISES

Me MAURICE DELESTRE

COMMISSAIRE-PRISEUR

Rue Drouot, n° 27.

M. CLEMENT

MARCHAND D'ESTAMPES

DE LA BIBLIOTHÈQUE NATIONALE

Rue des Saints-Pères, n° 3

PARIS — 1884

CATALOGUE

DE

DESSINS ANCIENS

PRINCIPALEMENT DES XVIe ET XVIIe SIÈCLES

RELATIFS A L'ORFÈVRERIE ET A L'ORNEMENT

ET

ENVIRON 4000 DESSINS

QUI SERONT VENDUS PAR LOTS

Provenant de la Collection

DU MARQUIS T...., DE NAPLES

Dont la vente aux enchères publiques aura lieu .

HOTEL DES COMMISSAIRES-PRISEURS, RUE DROUOT, N° 9

SALLE N° 7

Les Mardi 13 et Mercredi 14 Mai 1884

A DEUX HEURES PRÉCISES

Me MAURICE DELESTRE

COMMISSAIRE-PRISEUR

Rue Drouot, n° 27.

M. CLEMENT

MARCHAND D'ESTAMPES

DE LA BIBLIOTHÈQUE NATIONALE

Rue des Saints-Pères, n° 3.

PARIS — 1884

CONDITIONS DE LA VENTE

Elle sera faite au comptant.

Les acquéreurs payeront *cinq pour cent* en sus des enchères.

ORDRE DES VACATIONS

Le Mardi	13	—	Numéros........	1 à 130
»	»	—	Dessins en lots.	
Le Mercredi	14	—	Numéros........	131 à la fin.
»	»	—	Dessins en lots.	

DÉSIGNATION

DESSINS

ARPINO (Joseph-Cesabi, dit le chevalier)

1 — Saint Pierre appuyé sur sa croix.

A la plume et lavis d'encre de Chine, rehaussé de blanc.

2 — Tête de jeune fille.

Aux trois crayons.

3 — Études de harpies.

A la sanguine.

4 — Vierge, enfant Jésus et deux saints.

Au crayon noir et sanguine.

5 — Études et figures, sujets allégoriques et religieux. Quarante dessins.

BAGNACAVALLO (B. Ramenghi, dit le)

6 — Études d'hommes nus, pour composition allégorique.

A la plume et lavis de bistre.

BALDUCCI (Jean, dit Cosci)

7 — Place publique, avec église au fond et personnages.

A la plume et lavis.

BACCIO BANDINELLI

8 — Études et académies. Huit dessins à la plume.

BAROCCI (F.

9 — Portrait de sa mère.
Au pastel.

BERNINI (J.-L.

10 — Apollon poursuivant Daphné.
A la plume et lavis de bistre.

BOLOGNE (Jean de)

11 — Hercule étouffant Anthée.
A la plume et lavis de bistre.

BRAMANTE

12 — Ornement de lucarnes.
A la plume et lavis de bistre.

BRANDI (Domenico)

13 — Tigres, — Plafond, — Bergers avec leur troupeau.
Trois dessins à la plume et lavis d'encre de Chine et de bistre.

CAMBIASO (L.)

14 — Saint Pierre debout.
A la plume et lavis de bistre.

CARRACHE (Annibal)

15 — Ange terrassant des réprouvés.
A la plume et lavis de bistre.

CARRACHE (L.)

16 — Le Christ descendu de la croix.
A la plume et lavis de bistre.

CARRACHE (École des)

17 — Étude de hauts-reliefs pour plafonds, avec jeux d'enfants, etc.
A la plume et lavis de bistre.

CASTELLI (Bernardo)

18 — Cadres de miroirs.

Six dessins à la plume et au lavis de bistre.

CAPOLONGO (Antoine)

19 — La Passion de Jésus-Christ.

Dix-huit dessins à la plume et lavis de bistre.

CORRÈGE (Le)

20 — Têtes d'anges, — Jésus au Jardin des Oliviers, — Sujets de vierges, etc. Neuf dessins.

CORTONE (P. Berretini, dit de)

21 — Gaîne, supports et tables. Trois dessins sur une même feuille.

A la plume et lavis de bistre.

22 — Table ou console.

A la plume et lavis d'encre de Chine.

23 — Ornements de voitures de gala.

Deux dessins à la plume et lavis de bistre.

24 — Montant d'ornement, avec mitre dans un médaillon.

A la plume et lavis d'encre de Chine et de bistre.

COTELLE

25 — Pot-à-oille, chenet, manche de pincettes. Sur une même feuille.

A la plume et lavis de bistre, rehaussé de blanc. Ce dessin a été gravé par Cotelle et publié par Poilly.

DOLCI (Carlo)

26 — Jeune homme assis, une couronne à la main.

A la sanguine.

ÉCOLE ITALIENNE DU XVIe SIÈCLE

27 — Cahier de quinze feuilles, ornements à la plume, cadres, cartouches, supports, termes, etc., etc.

Quelques feuilles ont des sujets dessinés au recto et au verso.

28 — Frise représentant des jeux d'enfants.

A la plume et lavis de bistre.

29 — Vasque de fontaine surmontée d'un aigle à double tête.

A la plume et lavis de bistre.

30 — Projet de monument funéraire, avec statue.

A la plume.

31 — Arrière de vaisseau, représentant des combats de tritons.

A la plume et lavis de bistre.

32 — Pot à thériaque.

A la plume et lavis sur fond rouge.

33 — Plafond, avec colonne et attributs, de forme ronde.

A la plume et lavis de bistre.

34 — Combat d'un cheval et d'un tigre.

A la plume et lavis de bistre.

35 — Études pour plafonds.

Deux dessins à la plume et lavis de bistre.

ÉCOLE ITALIENNE DU XVIIe SIÈCLE

36 — Caisse du carrosse du cardinal Riccardi.

A la plume et lavis d'encre de Chine et de bistre.

37 — Détails de carrosses, cariatides, roues, etc.

Six feuilles contenant vingt-quatre dessins différents, à la plume et lavis.

38 — Ornements ou clefs de carrosses.

Trois dessins à la plume, sur une même feuille.

ÉCOLE ITALIENNE DU XVIIe SIÈCLE

39 — Etude de lustre et détails.

A la plume et lavis d'encre de Chine.

40 — Autre étude de lustre.

A la plume et lavis d'encre de Chine.

41 — Flambeau d'église, custode, supports, etc.

Six dessins à la plume et lavis, montés sur une même feuille.

42 — Consoles et table.

Trois dessins à la plume, montés sur une même feuille.

43 — Console, frises et ornements.

Huit dessins à la plume, montés sur une même feuille.

44 — Cartouches et encadrements.

Sept dessins à la plume.

45 — Croix, table, ornements divers.

Six dessins à la plume et sanguine, montés sur une même feuille.

46 — Etude d'oves, de feuilles et autres.

Onze dessins à la plume et lavis d'encre de Chine, montés sur une même feuille.

46 *bis* — Frises, salières, croquis et ornements divers.

Quarante-deux dessins à la plume et lavis d'encre de Chine et de bistre, montés sur onze feuilles.

47 — Pied de flambeau d'église avec têtes d'anges.

A la plume et lavis de bistre.

48 — Grand vase orné, avec portrait de femme sur la panse.

A la plume et lavis de blanc et de bleu.

49 — Dessin pour une fontaine, avec aigles et léopards.

A la plume et lavis de bistre.

50 — Une salière, avec enfants et dauphins.

A la plume et lavis de bistre.

51 — Tombeau d'un pape.

A la plume et lavis d'encre de Chine.

ÉCOLE ITALIENNE DU XVIIe SIÈCLE

52 — Figure d'un pape assis, dans un cintre.
A la plume et lavis de bistre et de sanguine.

53 — Tombeau d'un cardinal,
A la plume et lavis de bleu.

54 — Monument élevé à un Bourbon de Naples.
A la plume et lavis d'encre de Chine, rehaussé de blanc.

55 — Le char du soleil.
Au lavis de bistre, rehaussé de blanc.

56 — Support.
A la plume et lavis d'encre de Chine.

57 — Cartouches, corniches et ornements divers. Dix-sept dessins.

58 — Un flambeau avec figures d'amours et dauphins.
A la plume et lavis de bistre.

59 — Un tombeau, avec statue d'un jeune seigneur dans une niche.
A la plume et lavis d'encre de Chine et de bistre.

60 — Dessin d'un autel,
A la plume et lavis d'encre de Chine et d'aquarelle.

61 — Martyre de saint, avec donataires au bas.
A la plume et lavis de bistre.

62 — Portraits de papes.
Cinq dessins au crayon noir.

63 — La Charité. Deux compositions différentes.
A la plume et lavis d'encre de Chine.

64 — Composition allégorique avec figures et dauphins.
A la plume et lavis d'encre de Chine.

65 — Portraits d'hommes et de femmes. Vingt-quatre dessins aux trois crayons.

ÉCOLE ITALIENNE DU XVIIIe SIÈCLE

66 — Un candélabre.

A la plume, rehaussé de blanc, sur papier bleu.

ÉCOLE NAPOLITAINE

67 — Étude d'une paroi de chapelle.

Aquarelle.

68 — Autel richement orné.

A la plume et lavis d'encre de Chine et de bistre.

ÉCOLE DE MICHEL-ANGE

69 — Étude d'homme couché, représentant un fleuve.

A la plume et lavis de bistre.

70 — Étude d'homme écorché.

A la plume et lavis de bistre.

ÉCOLE FRANÇAISE DU XVIIIe SIÈCLE

71 — Caisse de carrosse de gala Louis XV.

A la plume et lavis d'encre de Chine et d'aquarelle.

ÉCOLE FLAMANDE

72 — Un calvaire, en bas un roi et une reine paraîssent implorer le Sauveur.

Au lavis d'encre de Chine, sur velin.

73 — Marine.

A la plume et au lavis de bistre.

FERRI (Ciro)

74 — Étude pour console.

A la plume et lavis d'encre de Chine.

FOLCHETTI

75 — Décoration pour un plafond.

A la plume et lavis d'encre de Chine.

FONSAGA (Cosimo)

76 — Fronton avec tête de lion et écusson

A la plume, lavis de bistre et de gouache,

FRANCESCHINI

77 — Le bon Pasteur, dessin pour plafond.

A la plume et lavis de bistre, rebaussé de blanc.

FUMAGALLI (G.)

78 — Tabernacle ou orgue.

A la plume et lavis d'encre de Chine et bistre.

GATTI (B., dit le Sojaro)

79 — Homme nu, tenant un singe.

Au lavis de bistre.

GHEZZI (le chevalier Pierre-Léon)

80 — Cahier de trente-cinq feuilles à la plume et au lavis, comprenant plus de deux cents dessins différents de vases, buires, encensoirs, ostensoirs, reliquaires, flambeaux, piédestaux, chenets, supports, etc., d'une grande variété, de format in-4.

81 — Piédouche ou surtout, orné de figures de femmes et sirènes.

A la plume et lavis de bistre.

82 — Cul-de-lampe orné de figures.

A la plume et lavis de bistre.

GIORDANO (École de)

83 — Enfant et dauphins figurant une fontaine.

A la plume et lavis d'encre de Chine.

84 — Croquis d'un groupe de soldats

A la plume et lavis de bistre.

GUERCHIN (J.-F. BARBIERI, dit LE)

85 — Une sibylle. — Deux des Évangélistes.

Trois dessins à la sanguine.

KRAUS (G.)

86 — Tête d'homme de profil.

Au crayon noir et blanc.

LAIBACH

87 — Sujet de bataille. Onze dessins.

LANFRANCO (J.)

88 — Etude d'hommes nus.

A la plume et lavis de bistre.

LEBRUN (CHARLES)

89 — La Bataille de Constantin.

A la plume et lavis de bistre, rehaussé de blanc.

LEONI

90 — Paysages et animaux. Treize dessins.

LEPAUTRE

91 — Vase avec encadrement orné.

A la plume et lavis de bistre.

LORENZO DE CARO

92 — Le Christ en croix.

A la plume et lavis d'encre de Chine.

LUCA (DOMENICO DE)

93 — Deux vases sur une même feuille.

Au lavis d'encre de Chine, Signés et datés de 1758

LUIGI (André)

94 — Sainte Agnès, Saint Jean et saint Georges, représentés sur une même feuille.

A la plume et lavis de bleu.

LUTI (Benedetto)

95 — Vase de forme antique.

A la plume et lavis de bistre.

MAGLIARI (Andrea)

96 — Dessin de tombeau pour une dame.

A la plume et lavis d'encre de Chine.

MAITRE ORFÈVRE AU MONOGRAMME V

DE L'ÉPOQUE LOUIS XIV ET RÉGENCE

97 — Calice, théière et burettes.

Cinq sujets sur une même feuille, à la plume et lavis d'encre de Chine; un des sujets est surmonté d'un V qui semble être ici une signature.

98 — Seau à rafraîchir.

A la plume et lavis d'encre de Chine.

99 — Gobelet et deux cafetières, sur une même feuille.

A la plume et lavis de bistre.

100 — Deux poivriers sur une même feuille.

A la plume et lavis de bistre.

101 — Candélabre à deux branches.

A la plume et lavis d'encre de Chine.

102 — Trois flambeaux et porte-mouchettes, sur une même feuille.

A la plume et lavis de bistre.

103 — Grande cafetière ornementée.

A la plume et lavis d'encre de Chine et de bistre.

MAITRE ORFÈVRE AU MONOGRAMME V

DE L'ÉPOQUE LOUIS XIV ET RÉGENCE

104 — Deux porte-huiliers, sur une même feuille.

A la plume et lavis de bistre et bleu.

105 — Grandé cafetière.

A la plume et lavis d'encre de Chine.

106 — Chocolatière ornée, à anse.

A la plume et lavis d'encre de Chine.

107 — Candélabre à deux branches

A la plume et lavis d'encre de Chine.

108 — Pied de candélabre.

A la plume et lavis d'encre de Chine.

109 — Cafetière de forme orientale, à médaillon.

A la plume et lavis d'encre de Chiue.

110 — Légumier à médaillon.

A la plume et lavis de bistre.

111 — Deux cafetières ou chocolatières, l'une ornée, l'autre unie.

A la plume et lavis d'encre de Chine.

112 — Grande bouillotte avec réchaud.

A la plume et lavis bleu.

113 — Pied de flambeau.

A la plume et lavis d'encre de Chine.

114 — Pied de candélabre.

A la plume et lavis d'encre de Chine.

115 — Flambeau orné.

A la plume et lavis d'encre de Chine.

116 — Flambeau simple, porte-mouchettes et deux coupes, sur une même feuille.

A la plume et lavis de bleu.

MAITRE ORFÈVRE AU MONOGRAMME V

DE L'ÉPOQUE LOUIS XIV ET RÉGENCE

117 — Plateau à anses.

A la plume et lavis d'encre de Chine.

118 — Grand vase ou seau à rafraîchir, avec bas-relief représentant un combat.

Grand et beau dessin à la plume et lavis d'encre de Chine.

119 — Boîte à couvercle.

A la plume et lavis de bistre.

120 — Encrier avec étude des détails.

A la plume et lavis de bistre

121 — Deux poivriers, sur une même feuille.

A la plume et lavis de bistre.

122 — Seau à rafraîchir, avec bas-relief représentant la Danse des amours.

A la plume et lavis de bistre.

123 — Théière avec médaillon

A la plume et lavis bleu.

124 — Vase à couvercle.

A la plume et lavis de bistre.

125 — Deux poivriers ornés, sur une même feuille.

A la plume et lavis bleu.

126 — Soupière avec mascaron.

A la plume et lavis d'encre de Chine.

127 — Soupière avec médaillon jaune.

A la plume et lavis d'encre de Chine.

128 — Plateau sans anses.

A la plume et lavis d'encre de Chine.

129 — Moitié d'un plateau, avec anses.

A la plume et lavis d'encre de Chine.

MARCHIONI

130 — Cahier de cent feuilles in-fol. de dessins d'argenterie. 1 vol in-fol., veau marbré. Sur la première page : *Disegni di Carlo Marchioni, archtetto e scultore. Roma*, 1763.

Très beau recueil de dessins à la plume et au lavis, très finement exécutés, d'une grande variétée et richesse d'ornementation et d'un goût remarquable, représentant des pieds de croix, flambeaux d'église, reliquaires, appliques, bas-reliefs d'autels, écussons, anses de plateaux, terrines, sucriers, tasses à bouillon, salières, soupières, plats, plateaux, cafetières, anses et becs de cafetières rafraîchissoirs, moutardiers, rebords de plats, etc. ; exécutés pour l'abbé Colinnelli, Benedetto Costa, trésorier de Macerata; le prince Ruspoli, le marquis Trionfi, le cavalier Mosca et pour l'Église de la Minerve.

MARCO DA SIENA

131 — Études et croquis divers, sur 53 feuilles in-fol., brochés.

MARRA (F. LA)

132 — Dessus de clavecin.

Au lavis gouaché, rehaussé de blanc.

133 — Dessus de clavecin.

Au lavis d'encre de Chine, rehaussé de blanc.

MULLER

134 — Persée coupant la tête de la Méduse.

A la plume et lavis d'encre de Chine.

NOVELLARA (LELIO ORSI DA)

135 — Enfants et chimères, bas-reliefs.

A la plume et lavis de bistre.

PADUANINIO (le chevalier OCTAVE-LEONI, dit le)

136 — Jeux d'enfants.

Au lavis de bleu, rehaussé de blanc.

PARMESAN (F. Mazuoli, dit le)

137 — Sujets religieux et allégoriques. Cinquante-six dessins.

138 — Études de têtes, sujets de Vierges, etc. Neuf dessins.

PELLEGRINI DA BOLOGNA

139 — Satyre assis.

A la plume et lavis de bistre.

PELLEGRINO DA CESENA

140 — Ornement de poignée d'épée, figuré par une femme ailée.

A la plume et lavis de bistre.

141 — Gardes, pommeaux et étuis de dagues.

Très beau dessin à la plume et lavis de bistre.

PENNI (Francesco, dit le Fattore)

142 — Devant de coffre, avec sujet de Neptune et Tritons.

A la plume et lavis de violet.

PERINO DEL VAGA

143 — Évêque écrivant.

Dessin en forme de cintre, à la plume et lavis de bistre, rehaussé de blanc.

144 — Cartouche soutenu par deux enfants, avec bordure où sont représentés des sujets de l'histoire romaine.

A la plume et lavis d'encre de Chine.

145 — Cartouche orné avec ensevelissement du Christ au milieu.

A la plume et lavis de bleu.

146 — Monument à la gloire du pape Paul III (Farnèse).

A la plume et lavis de bistre.

147 — Cartouche soutenu par deux figures d'homme et de femme.

A la plume et lavis de bistre.

PERINO DEL VAGA

148 — Étude pour un char conduit par un amour.

A la plume et lavis de bistre.

149 — Dessin pour un berceau, avec figures.

A la plume et lavis de bistre.

150 — Étude de fontaine, avec frise ornée et composition allégorique.

Beau dessin à la plume et lavis de bistre, rehaussé de blanc.

151 — Étude de coupole en perspective.

A la plume et lavis de bistre.

152 — Dessin pour une table, formée de sirène, avec guirlandes et mascarons.

A la plume et lavis de bistre.

153 — Sirènes jouant avec des Tritons.

Sept petits dessins en forme de frises, à la plume et lavis de bleu.

154 — Massacre des Innocents, — saint Sébastien, etc. Quatre dessins.

155 — Mars partant pour la guerre.

A la plume et lavis de bistre.

PO (Giacomo del)

156 — Cartouche orné.

A la plume et lavis d'encre de Chine.

157 — Étude pour une galerie de fêtes.

A la plume et lavis d'encre de Chine.

158 — Porte d'une galerie avec fronton en haut.

A la plume et lavis d'encre de Chine.

POCCETTI

159 — Arabesques, frises, pilastres, grotesques, etc.

Suite de vingt-quatre dessins à la plume en 1 vol. fol., cartonné.

POLIDORE DE CARAVAGE

160 — Sujets religieux et autres. Trente-sept dessins.

161 — Soldats romains traînant un martyr.

A la plume et lavis de bleu.

162 — Casque et boucliers.

A la plume et lavis de bistre, rehaussé de blanc.

163 — Flanc d'un navire ornementé, avec combattants nus.

A la plume et lavis de bistre.

POLIDORINO (Ruviole, dit)

164 — Vases d'orfèvrerie.

Deux dessins au lavis, rehaussés de blanc.

165 — Jeune femme traînant un bateau.

A la plume et lavis de bistre.

166 — Évêque bénissant un seigneur.

A la plume et lavis de bistre, rehaussé de blanc, sur papier bleu.

167 — Deux amours debout enlacés.

Au lavis de bistre.

PROCACCINI

168 — Saint François recevant l'enfant Jésus des mains de la sainte Vierge.

A la plume et lavis de bistre.

RAPHAEL (École de)

169 — Le Jugement de Salomon, — Piéta et sujets divers. Treize dessins.

170 — Descente de la croix.

Au lavis de bistre et sanguine.

171 — Pape donnant l'investiture.

A la plume et lavis de bistre.

172 — La Charité.

A la plume : première pensée du tableau.

RENI (GUIDO)

173 — Anges faisant de la musique.

A la plume et lavis de bistre.

SANTA-FEDE (FABRIZIO)

174 — Anse ou lettre ornée, formée d'une sirène.

A la plume et lavis de bistre.

175 — Croquis pour un écusson soutenu de figures.

A la plume et lavis de bleu.

SARTO (ANDREA DEL)

176 — Croquis de son tableau : la Visitation.

A la sanguine.

177 — La Vierge et l'enfant Jésus.

A la plume et lavis de bistre.

SASSOFERATO (J.-B. SALVI, dit LE)

178 — Tête de vieillard.

A la plume et lavis d'encre de Chine, rehaussé de blanc.

SCHORR (FILIPPO)

179 — Lancement d'une galère sous le pape Alexandre VII (Borgia).

A la plume et lavis d'encre de Chine.

SIENA (G. DA)

180 — La Vierge et l'enfant Jésus adorés par deux saints.

A la plume et lavis de bistre.

SILVESTRE (ISRAEL)

181 — Vue de la Sorbonne à Paris.

A la plume.

SOLARIO (Andrea di)

182 — Le Couronnement de la Vierge.
A la plume.

183 — Trois saints.
A la plume et lavis de bleu.

SOLIMENE (xviiie siècle)

184 — Cahier de quinze feuilles d'ornements d'architecture, *autels*, *portes*, *corniches*, *pilastres*, *frises*, etc. A la plume et au lavis, d'une belle exécution, de format in-fol.

185 — Porte avec cartouche et ornements.
A la plume et lavis de bistre et encre de Chine.

186 — Haut d'un tabernacle.
A la plume et lavis de bistre.

187 — Sujets religieux, — Allégories, — Batailles, etc. Cinquante-deux dessins.

TEMPESTA

188 — Une bataille.
Dessin en forme de frise à la plume et lavis de bistre.

TIEPOLO?

189 — Satyre assis, avec composition allégorique.
A la plume et lavis d'encre de Chine et de bistre.

TINTORETO

190 — Étude pour une Transfiguration.
A la plume et lavis d'encre de Chine et de bistre.

TIZIANO

191 — Paysage.
A la plume et sanguine.

VANNI (F.)

192 — Saints et moines.
Deux dessins à la plume et lavis de bistre.

VASARI

193 — Cintre avec enfants et mascarons.
A la plume et lavis d'encre de Chine.

VOLAIRE

194 — Jeune femme assise.
Au crayon noir, rehaussé de blanc.

195 — Quatre petites têtes de femmes sur une même feuille.
Au crayon noir.

196 — Paysages, études de têtes et sujets de genre. Trente-sept dessins.

197 — Paysages et études. Vingt dessins.

ZUCCARO (F.)

198 — Intérieur de lucarne dans une église.
A la plume et lavis de bistre.

199 — Portique avec perspective et figures allégoriques.
A la plume et lavis de bleu.

200 — Sujets religieux. Treize dessins.

201 — Sous ce numéro il sera vendu par lots environ quatre mille dessins de maîtres de l'École italienne des XVIe et XVIIe siècles.

Imprimerie PILLET et DUMOULIN, rue des Grands-Augustins, 5, à Paris.

www.ingramcontent.com/pod-product-compliance
Ingram Content Group UK Ltd.
Pitfield, Milton Keynes, MK11 3LW, UK
UKHW021153230726
13926UKWH00001B/81